So wird es gemacht.

Öffne das miniLÜK®-Kontrollgerät und lege die Plättchen in den unbedruckten Deckel.
Jetzt kannst du auf den Plättchen und im Geräteboden die Zahlen 1. bis 12. sehen.

Beispiel Seite 2
Wortarten

Nimm das Plättchen 1. und lies das Wort 1. , das hier steht: **Vampir.** Das Wort ist ein Nomen. Lege die 1. auf die 11 im Kontrollgerät.

Die Zahl 1. muss nach oben zeigen.

So arbeitest du weiter, bis alle Plättchen im Geräteboden liegen.

Schließe dann das Gerät und drehe es um. Öffne es von der Rückseite. Wenn du das bei der Übungsreihe abgebildete Lösungsmuster siehst, hast du alle Aufgaben richtig gelöst.

Passen einige Plättchen nicht in das Muster, dann hast du dort Fehler gemacht. Drehe diese Plättchen da, wo sie liegen um, und öffne das Kontrollgerät wieder. Jetzt kannst du sehen, welche Aufgaben du falsch gelöst hast. Nimm diese Plättchen heraus und suche die richtigen Ergebnisse.
Kontrolliere dann noch einmal. Stimmt jetzt das Muster?
Das System ist für alle Übungen gleich: Die roten Aufgabennummern im Heft entsprechen immer den miniLÜK-Plättchen aus dem Kontrollgerät.
Die schwarzen Feldzahlen bei den Lösungen sagen dir, auf welche Felder im Kontrollgerät die Plättchen gelegt werden.

Viel Spaß!

Nomen (Namenwörter) geben Personen, Tieren, Pflanzen, Dingen und Gefühlen einen NAMEN.
Verben (Tunwörter) sagen, was wir TUN.
Adjektive (Wiewörter) beschreiben genauer, WIE Nomen sind.

Frau Schrecke hat für ihre Klasse die Wortarten sortiert.
Aber die Vampirkinder haben alles durcheinandergebracht.
Magst du der Lehrerin helfen?

1 Vampir

Nomen	11	Verb	1	Adjektiv	2

2 saugen

Nomen	1	Verb	7	Adjektiv	5

3 frech

Nomen	12	Verb	3	Adjektiv	10

4 freundlich

Nomen	2	Verb	9	Adjektiv	12

Die strenge Lehrerin schimpft

Adjektiv (Wiewort) | Nomen (Namenwort) | Verb (Tunwort)

5 Hausmeister

Nomen 4 | Verb 3 | Adjektiv 6

6 üben

Nomen 6 | Verb 8 | Adjektiv 10

7 fliegen

Nomen 4 | Verb 6 | Adjektiv 11

8 gemein

Nomen 5 | Verb 7 | Adjektiv 1

9 helfen

Nomen 4 | Verb 9 | Adjektiv 11

10 grinsen

Nomen 10 | Verb 5 | Adjektiv 8

11 Schreibsarg

Nomen 3 | Verb 8 | Adjektiv 7

12 Mantel

Nomen 2 | Verb 12 | Adjektiv 9

Beißer weiß nicht, wie die Hausaufgabe geht.
Kannst du es besser?

Ding Person Tier Pflanze Gefühl

Zu welcher Gruppe gehört das Nomen (Namenwort)?

1. Wurst

Ding 9
Person 1
Tier 4
Pflanze 3
Gefühl 2

2. Angst

Ding 10
Person 1
Tier 3
Pflanze 2
Gefühl 5

3. Lehrerin

Ding 3
Person 2
Tier 1
Pflanze 4
Gefühl 12

4. Freude

Ding 11
Person 8
Tier 7
Pflanze 2
Gefühl 10

5. Fuchs

Ding	11
Person	9
Tier	8
Pflanze	2
Gefühl	5

6. Blume

Ding	4
Person	8
Tier	10
Pflanze	6
Gefühl	5

7. Beißer

Ding	2
Person	4
Tier	3
Pflanze	6
Gefühl	7

8. Zahn

Ding	11
Person	10
Tier	6
Pflanze	7
Gefühl	12

9. Wut

Ding	9
Person	2
Tier	5
Pflanze	7
Gefühl	1

10. Fledermaus

Ding	12
Person	5
Tier	3
Pflanze	7
Gefühl	6

11. Apfelbaum

Ding	11
Person	9
Tier	8
Pflanze	7
Gefühl	5

12. Hausmeister

Ding	6
Person	12
Tier	4
Pflanze	3
Gefühl	9

viele Flederkäfer

Plural

ein Flederkäfer

Singular

Vampi-Schlampi muss so schnell wie möglich die Wörter finden, die im Singular stehen. Bitte hilf ihm!

Welches Nomen steht im **Singular** ?

1
- Schuhe 2
- Mäntel 1
- Umhang 3
- Hosen 4

2
- Apfel 1
- Bananen 6
- Zitronen 12
- Birnen 3

3
- Brote 9
- Würste 5
- Kekse 1
- Nudel 6

4
- Tafel 4
- Stifte 2
- Radierer 7
- Lineale 1

5
- Bäume 10
- Buche 12
- Rosen 4
- Sträucher 5

6
- Tisch 8
- Stühle 10
- Schränke 11
- Vorhänge 9

7
Gläser 7
Tassen 9
Krug 10
Vasen 4
8
Schirme 5
Handtuch 7
Badehosen 2
Liegen 6
9
Nüsse 3
Mandeln 4
Beeren 6
Traube 11
10
Häuser 12
Türme 11
Brücke 9
Täler 5
11
Enten 6
Gänse 3
Henne 5
Tauben 7
12
Beine 11
Steine 8
Scheine 4
Leine 2

Nomen (Namenwörter) können zusammengesetzt sein aus:

Nomen und _Nomen_ oder Verb (Tunwort) und _Nomen_.

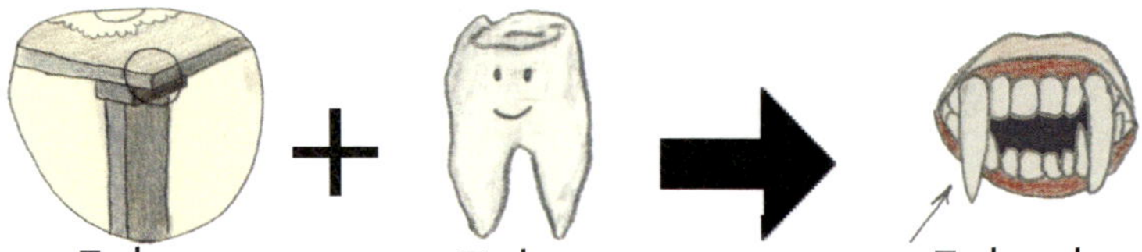

Ecke + Zahn → Eckzahn

Nomen und _Nomen_ => zusammengesetztes Nomen

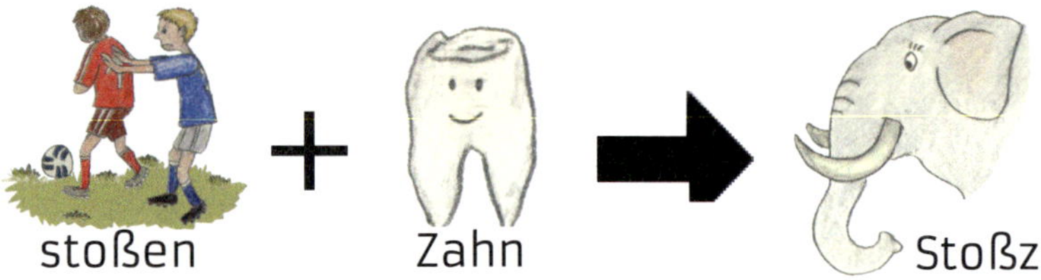

stoßen + Zahn → Stoßzahn

Verb und _Nomen_ => zusammengesetztes Nomen

1	Staub
2	Name
3	Blut
4	lachen

3 Wurst

1 Sack

2 Wolke

6 Wort

Vampi-Schlampi hat sich einen Scherz mit dem Lachsack erlaubt. Nun hat er von Frau Schrecke einen Denkzettel bekommen. Er soll ganz viele Nomen richtig zusammensetzen. Bestimmt freut er sich, wenn du ihm hilfst.

5	Winter
6	schimpfen
7	Flug
8	Haus

12 Meister

7 Zeug

9 Stiefel

5 Wort

9	Körper
10	laufen
11	schreiben
12	lesen

10 Heft

8 Schuh

11 Buch

4 Teil

Verben (Tunwörter) sagen was wir tun.

Vampi-Schlampi hat einen spannenden Traum.
Du erfährst, was er erlebt, wenn du die passenden <u>Verben</u> einfügst.

1. Vampi-Schlampi ? zur Schule.
2. Auf dem Weg ? er Schnütchen.
3. Aus den Büschen ? sie ein merkwürdiges Geräusch.
4. Vampi-Schlampi ? mutig:
5. „Wer ? hier so laut?“

fragt
12

knabbert
5

6. „Warum ____ du nicht lieber weg?“,

7. ____ Schnütchen ängstlich.

8. Da ____ Beißer plötzlich vor ihnen.

9. Auf seiner Schulter ____ Fleddy, seine Fledermaus.

10. Sie ____ an einem riesigen Blatt.

11. Jetzt ____ sie, wer da so laut war.

12. Alle ____ .

lachen 3

ruft 6

sitzt 1

trifft 10

hören 8

schmatzt 2

steht 4

fliegt 11

wissen 7

rennst 9

Verben können in der Gegenwart (Präsens) oder in der Vergangenheit (Präteritum) stehen.

Heute ist die große Prüfung. Der Obervampir will tolle Leistungen sehen. Suche die Wörter, die in die Lücke passen.

1. Vampi-Schlampi _______ immer in die falsche Richtung.
   Heute fliegt er richtig.
2. Gestern _______ Beißer schlecht. Heute saugt er gut.
3. Schnütchen _______ mit Vampi-Schlampi eine Stunde lang auf.
   Heute räumt Vampi-Schlampi alles ganz flink alleine auf.
4. Blassi _______ meist zu spät. Heute landet er rechtzeitig.
5. Beißer _____ die ganze Woche daneben. Heute beißt er richtig.

hatten 9

flog 7

räumte 12

saugte 4

sang 11

hüpfte 2

6. Vampi-Schlampi _____ viel zu langsam. Heute läuft er schnell.

7. Schnütchen ____ vor Aufregung. Heute hüpft sie vor Freude.

8. Frau Schrecke ____ laut mit den Schülern. Heute spricht sie leise mit ihnen.

9. Schnütchen _____ kein einziges Lied. Heute singt sie fröhlich.

10. Vor einer Woche _______ Vampi-Schlampis Bauch noch. Heute schwabbelt er nicht mehr.

11. Schnütchen ______ keine Nachtblumen ab. Heute schneidet sie einen Strauß.

12. Die Kinder _______ keine Zeit zum Spielen. Jetzt haben sie viel Zeit.

Die Personalform des Verbs (Tunworts) ändert sich mit der Person.

Die Vampirkinder haben bald eine große Prüfung. Sie bereiten sich gut vor. Was dort alles passiert, erfährst du, wenn du jeweils die richtige Form einfügst.

(1) erwarten – (5) erwartest – (10) erwarte

1. Der Obervampir schreit: „Ich ? tolle Leistungen."

(4) fliegst – (8) fliegt – (2) fliegen

2. Frau Schrecke ruft: „Ihr ? alle noch zu langsam!"

(3) übst – (6) übe – (11) übt

3. Schnütchen ? mit Vampi-Schlampi.

(3) saugst – (4) saugt – (9) saugen

4. Beißer und Blassi ärgern sich. Sie ? nicht gut.

(9) räumt – (5) räumen – (12) räume

5. Schnütchen sagt zu Vampi-Schlampi: „Wir ? jetzt deinen Sarg auf."

(12) lande – (7) landest – (5) landen

6. Beißer flüstert Vampi-Schlampi zu: „Du ? immer am falschen Ort."

2 renne · 6 rennt · 3 rennen

7. Vampi-Schlampi fordert Schnütchen auf: „Komm, wir ? ein bisschen!“

11 kannst · 7 können · 2 könnt

8. Beißer lacht: „Ihr ? ja gar nicht schnell rennen.“

12 beißen · 1 beißt · 10 beiße

9. Blassi und Fahlko ? daneben.

4 zeigt · 10 zeigst · 7 zeigen

10. Der Hausmeister ? auf die Uhr.

8 fällst · 6 fällt · 9 fallen

11. Ein Kreidestück ? zu Boden.

11 freue · 8 freust · 1 freut

12. Vampi-Schlampi ? freut sich über sein Ergebnis.

Adjektive (Wiewörter) beschreiben Nomen (Namenwörter) genauer.

dick dürr fett

Vampi-Schlampi, seine Mama und seine Tante gehören zu einer Familie. Sie sind sich ähnlich. Auch Wörter können verwandt sein. Solche Wörter gehören zu einer WORTFAMILIE.

Beißer hat mal wieder Mist gebaut. Zur Strafe muss er alle Wörter finden, die nicht zur Wortfamilie passen.
Wie würdest du es machen?

1

- Flugzeug 5
- wegfliegen 11
- Abflug 1
- fliehen 2

2

- Saugrohr 3
- Sau 12
- Staubsauger 6
- saugen 9

3

- Waschbär 10
- wahrscheinlich 4
- Waschmaschine 12
- abwaschen 8

4

- Ruhe 7
- rufen 11
- ausrufen 3
- Ausrufezeichen 10

5

- geben 11
- Gabe 3
- geboren 10
- vergeben 4

6

- Schrift 1
- schreiben 4
- Schreibschrift 7
- schreien 5

7

- üben 6
- Übungsheft 7
- übrig 1
- Übung 9

8

- gehorchen 8
- hören 3
- horchen 2
- Hort 6

9

- Land 11
- Landeplatz 12
- landen 8
- Laden 3

10

- trinken 6
- Getränk 2
- Trennung 8
- ausgetrunken 12

11

- wachsam 1
- aufwachen 4
- Wachs 9
- Wache 5

12

- endlich 5
- beenden 2
- Wochenende 7
- entsetzlich 11

Zu einem WORTFELD gehören Wörter mit ähnlicher Bedeutung.

Welches Verb gehört zum gleichen Wortfeld?
Weißt du, welches Wort passt?

1 gehen

- essen 1
- rennen 6
- lachen 2

2 singen

- schauen 3
- sprechen 8
- bohren 12

3 sitzen

- beißen 4
- malen 1
- hocken 10

4 hören

- schauen 7
- riechen 2
- lauschen 11

hüpfen schleichen rennen gehen

5 putzen

wischen	4
zerkratzen	3
hüpfen	6

6 sagen

flüstern	1
streicheln	10
trinken	4

7 fahren

weinen	11
rasen	5
nicken	8

8 schauen

ärgern	1
hören	6
glotzen	2

9 springen

hüpfen	9
schleichen	5
fallen	10

10 ernten

lachen	7
essen	9
pflücken	12

11 streicheln

kämmen	11
waschen	8
tätscheln	3

12 humpeln

verletzen	12
hinken	7
rollen	6

Es gibt drei wichtige Satzarten.
Satzart 1: Aussagesatz -> endet mit . Beispiel: Schnütchen ist nett.
Satzart 2: Fragesatz -> endet mit ? Beispiel: Ist Beißer auch nett?

Frau Schrecke macht sich Notizen für das nächste Zeugnis. Erkennst du, ob es ein Aussagesatz, ein Fragesatz oder ein Aufforderungssatz/Ausrufesatz ist?

1. Schnütchen hilft Beißer.

Aussagesatz 12 | Fragesatz 11 | Aufforderungs- oder Ausrufesatz 2

2. Warum ärgert Beißer Schnütchen?

Aussagesatz 1 | Fragesatz 3 | Aufforderungs- oder Ausrufesatz 12

3. Oh, wie gemein Beißer ist!

Aussagesatz 12 | Fragesatz 1 | Aufforderungs- oder Ausrufesatz 7

4. Beißer ärgert Schnütchen nicht mehr.

Aussagesatz 11 | Fragesatz 3 | Aufforderungs- oder Ausrufesatz 5

Satzart 3:
Aufforderungs- oder Ausrufesatz -> endet mit !
Beispiel: Sei doch mal netter, Beißer!
Beispiel: Oh, wie nett Schnütchen ist!

5. Er gibt sich jetzt Mühe.

Aussagesatz	Fragesatz	Aufforderungs- oder Ausrufesatz
1	3	10

6. Wie lange wird Beißer wohl nett sein?

Aussagesatz	Fragesatz	Aufforderungs- oder Ausrufesatz
2	4	11

7. Wird Schnütchen Beißer noch mal helfen?

Aussagesatz	Fragesatz	Aufforderungs- oder Ausrufesatz
9	5	4

8. Warum schreibt Beißer das falsche Ergebnis an die Tafel?

Aussagesatz	Fragesatz	Aufforderungs- oder Ausrufesatz
4	9	6

9. Wenn er doch besser aufpassen würde!

Aussagesatz	Fragesatz	Aufforderungs- oder Ausrufesatz
10	5	8

10. Oje, jetzt macht Schnütchen auch einen Fehler!

Aussagesatz	Fragesatz	Aufforderungs- oder Ausrufesatz
7	8	6

11. Pass doch auf, Schnütchen!

Aussagesatz	Fragesatz	Aufforderungs- oder Ausrufesatz
6	8	2

12. Beide haben das richtige Ergebnis gefunden.

Aussagesatz	Fragesatz	Aufforderungs- oder Ausrufesatz
10	7	9

Die 11 wichtigsten Grammatikregeln mit dem

Vampi-Schlampi

1. Es gibt drei wichtige Wortarten.
2. Nomen stehen für Dinge, Menschen, Tiere, Pflanzen und Gefühle.
3. Nomen stehen in der Einzahl oder Mehrzahl.
4. Nomen können zusammengesetzt sein aus Nomen und Nomen oder Verb und Nomen.
5. Verben sagen uns, was wir tun.
6. Verben können in der Gegenwart oder Vergangenheit stehen.
7. Die Personalform des Verbs ändert sich mit der Person.
8. Adjektive beschreiben Nomen genauer.
9. Zu einer Wortfamilie gehören verwandte Wörter mit dem gleichen Wortstamm.
10. Zu einem Wortfeld gehören Wörter mit ähnlicher Bedeutung.
11. Es gibt drei wichtige Satzarten.